EL DEFICIT DE TESORERIA
QUINO

QUINO

Encore Mafalda

Glénat

EMBARQUEZ SUR **www.glenat.com**

Traduction française J. et A.M. Meunier
Couleurs : Sophie de Valukhoff

Impression et reliure :
Pollina s.a., 85400 Luçon - n° 91848
Dépôt légal : novembre 1996
Achevé d'imprimer en France en janvier 2004

QU'EST-CE-QUE TU FAIS ?
JE SUIS UNE CAPSULE SPATIALE !
AS-TU À TON BORD UN DE CES COSMONAUTES QUI OUVRENT L'ÉCOUTILLE ET SAUTENT DANS L'ESPACE ?
JE PARIE QUE C'EST LA PREMIÈRE FOIS QUE T'EN VOIS UN AUSSI HUMIDE !
173
QUINO

COMBIEN GAGNE TON PÈRE ?
JE NE SAIS PAS, ET LE TIEN ?
JE NE SAIS PAS NON PLUS, MAIS IL GAGNE PLUS QUE LE TIEN.
SI TU NE SAIS PAS CE QU'ILS GAGNENT, COMMENT PEUX-TU L'AFFIRMER ?
IL N'EST PAS QUESTION D'AFFIRMER QUOI QUE CE SOIT, MAIS DE RESPECTER L'IDÉE QUE J'EN AI !
174
QUINO

ET SI SUSANITA TE LE REDEMANDE, TU LUI DIRAS QUE...
...TON PÈRE GAGNE ASSEZ D'ARGENT POUR FAIRE VIVRE LES SIENS DÉCEMMENT !
D'ALLORD ! C'EST CE QUE JE DIRAI : MON PÈRE GAGNE ASSEZ D'ARGENT POUR NOUS FAIRE VIVRE DÉCEMMENT !
QUELLE FARCE !
175
QUINO

DIS-MOI, MANOLITO, COMBIEN GAGNE TON PÈRE ?...
BEN... C'EST-À-DIRE QUE... TU SAIS... LE COMMERCE NE VA PAS TRÈS FORT EN CE MOMENT !
C'EST BIEN CE QUE JE PENSAIS, MON PÈRE GAGNE PLUS QUE LE TIEN !
AH, AH !
176
QUINO

ÇA T'ENNUIE QUE JE TE DEMANDE COMBIEN GAGNE TON PÈRE ?
BIEN SÛR QUE NON.
ÇA NE ME DÉRANGE ABSOLUMENT PAS !
ALORS, COMBIEN ?
MAIS JE NE VAIS PAS ME DÉRANGER NON PLUS POUR TE RÉPONDRE !

TE RENDS-TU COMPTE DU NOMBRE DE PROBLÈMES QU'IL Y A DANS LE MONDE, FELIPE ? MAIS IL ME SEMBLE QUE LES ADULTES FONT DES PROJETS
DES PROJETS ?
QUEL GENRE DE PROJETS ?
NOUS LES LAISSER EN HÉRITAGE À NOUS, LA JEUNE GÉNÉRATION !

MAFALDA, TU AS LE JOURNAL D'AUJOURD'HUI ?
TU AURAIS PU PRENDRE UN VIEUX JOURNAL !

QU'EST-CE QUE TU DÉCOUPES DANS LE JOURNAL, MAMAN ?
UNE RECETTE
QUELQUE CHOSE DE BON ?
DE LA SOUPE DE CRESSON !
À BAS LA LIBERTÉ DE LA PRESSE !

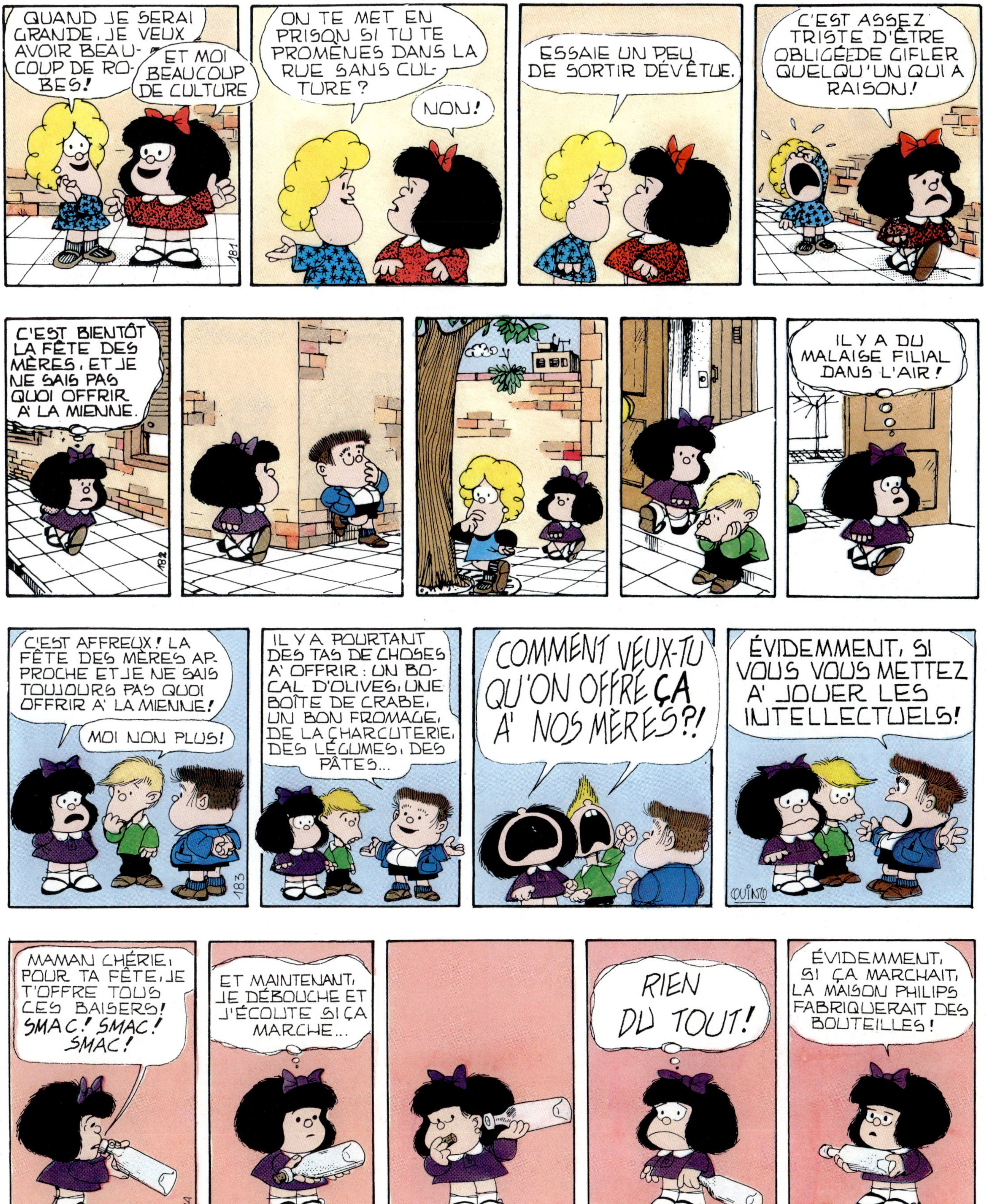

QUAND JE SERAI GRANDE, JE VEUX AVOIR BEAUCOUP DE ROBES!
ET MOI BEAUCOUP DE CULTURE
ON TE MET EN PRISON SI TU TE PROMÈNES DANS LA RUE SANS CULTURE ?
NON!
ESSAIE UN PEU DE SORTIR DÉVÊTUE.
C'EST ASSEZ TRISTE D'ÊTRE OBLIGÉE DE GIFLER QUELQU'UN QUI A RAISON!
C'EST BIENTÔT LA FÊTE DES MÈRES, ET JE NE SAIS PAS QUOI OFFRIR À LA MIENNE.
IL Y A DU MALAISE FILIAL DANS L'AIR!
C'EST AFFREUX! LA FÊTE DES MÈRES APPROCHE ET JE NE SAIS TOUJOURS PAS QUOI OFFRIR À LA MIENNE!
MOI NON PLUS!
IL Y A POURTANT DES TAS DE CHOSES À OFFRIR : UN BOCAL D'OLIVES, UNE BOÎTE DE CRABE, UN BON FROMAGE, DE LA CHARCUTERIE, DES LÉGUMES, DES PÂTES...
COMMENT VEUX-TU QU'ON OFFRE ÇA À NOS MÈRES?!
ÉVIDEMMENT, SI VOUS VOUS METTEZ À JOUER LES INTELLECTUELS!
MAMAN CHÉRIE, POUR TA FÊTE, JE T'OFFRE TOUS CES BAISERS! SMAC! SMAC! SMAC!
ET MAINTENANT, JE DÉBOUCHE ET J'ÉCOUTE SI ÇA MARCHE...
RIEN DU TOUT!
ÉVIDEMMENT, SI ÇA MARCHAIT, LA MAISON PHILIPS FABRIQUERAIT DES BOUTEILLES!

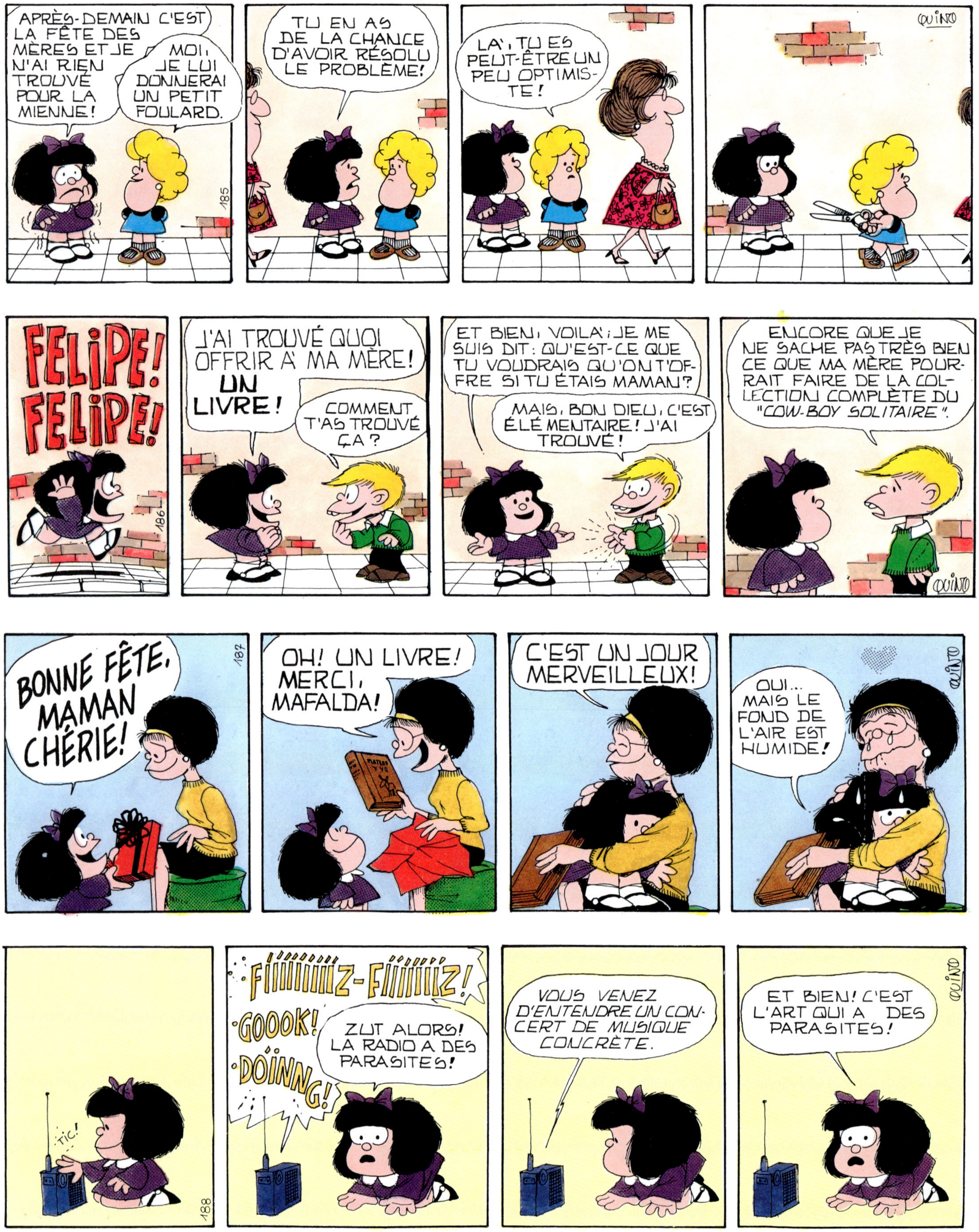
APRÈS-DEMAIN C'EST LA FÊTE DES MÈRES ET JE N'AI RIEN TROUVÉ POUR LA MIENNE!
MOI, JE LUI DONNERAI UN PETIT FOULARD.
185
TU EN AS DE LA CHANCE D'AVOIR RÉSOLU LE PROBLÈME!
LÀ, TU ES PEUT-ÊTRE UN PEU OPTIMISTE!
QUINO
FELIPE! FELIPE!
186
J'AI TROUVÉ QUOI OFFRIR À MA MÈRE! UN LIVRE!
COMMENT T'AS TROUVÉ ÇA?
ET BIEN, VOILÀ; JE ME SUIS DIT: QU'EST-CE QUE TU VOUDRAIS QU'ON T'OFFRE SI TU ÉTAIS MAMAN?
MAIS, BON DIEU, C'EST ÉLÉMENTAIRE! J'AI TROUVÉ!
ENCORE QUE JE NE SACHE PAS TRÈS BIEN CE QUE MA MÈRE POURRAIT FAIRE DE LA COLLECTION COMPLÈTE DU "COW-BOY SOLITAIRE".
QUINO
BONNE FÊTE, MAMAN CHÉRIE!
187
OH! UN LIVRE! MERCI, MAFALDA!
C'EST UN JOUR MERVEILLEUX!
OUI... MAIS LE FOND DE L'AIR EST HUMIDE!
QUINO
TIC!
188
FIIIIIIIZ-FIIIIIIZ!
GOOOK!
DOÏNNG!
ZUT ALORS! LA RADIO A DES PARASITES!
VOUS VENEZ D'ENTENDRE UN CONCERT DE MUSIQUE CONCRÈTE.
ET BIEN! C'EST L'ART QUI A DES PARASITES!
QUINO

ÇA Y EST! ENFIN UN VÉRITABLE CONCENTRÉ DE POTAGE...
189
QUAND QUELQU'UN EST AUSSI CRÉTIN,
CLIC!
CRÉTIN!
...IL MÉRITE UNE INSULTE EN CINÉRAMA!

HIER, ON M'A PUNIE PARCE QUE J'AVAIS MANGÉ DES CHOCOLATS SANS PERMISSION.
190
MOI, QUAND ON M'ENVOIE EN PÉNITENCE, J'IMAGINE QUE LA MAISON VA BRÛLER ET QUE C'EST MOI QUI SAUVE MES PARENTS ET QU'APRÈS, ILS VIENNENT ME DEMANDER PARDON EN PLEURANT...
MAFALDA, EST-CE QUE TU AS VU MA BOÎTE D'ALLUMET
OUI, TIENS! C'EST MOI QUI L'AVAIS.
...DE QUOI PARLIONS-NOUS?

CE QUE J'IMAGINE QUAND JE SUIS PUNI? OH, DES CHOSES RIGOLOTES!
191
QUE JE VAIS MOURIR! OUAIS! ET QUE MES PARENTS SE METTENT A PLEURER, PLEINS DE REMORDS DE M'AVOIR PUNI.
"IL ÉTAIT SI GENTIL! ET IL EST MORT! ET ON L'AVAIT PUNI! ET..."
SNIFF!

DIS-MOI, MANOLITO, TU AS DÉJA ÉTÉ PUNI TOUTE UNE JOURNÉE POUR AVOIR FAIT UNE BÊTISE?
JAMAIS!
192
MON PÈRE DIT QUE DES PUNITIONS COMME ÇA, ÇA PREND TROP DE TEMPS; C'EST COMME LES CHÈQUES.
LUI, IL PRÉFÈRE DONNER DES GIFLES AU COMPTANT!

VOYONS MAFALDA! POUR DEVENIR GRANDE, IL FAUT MANGER TA SOUPE!
GRANDE ...COMME QUI?
ET BIEN COMME MAMAN, COMME MOI!
ET PAR DESSUS LE MARCHÉ... ÇA!

SALUT! PRIX NOBEL DU JARDINAGE!
MAIS OÙ EST LE RESPECT DÛ À TON PÈRE?
AU FRIGIDAIRE?

BONJOUR, PAPA! POURQUOI TU N'ES PAS ALLÉ TRAVAILLER?
PARCE QUE J'AI MAL AUX DENTS!
AH! QUAND ON A MAL AUX DENTS, ON NE VA PAS TRAVAILLER?
BEN OUI!
LES PAUVRES! Y A DES CHÔMEURS QUI DOIVENT AVOIR DRÔLEMENT MAL AUX DENTS EN CE MOMENT!

FICHUE MOLAIRE!
IL FAUT QUE TU AILLES VOIR LE DENTISTE.
QUOI? IL Y A UN DENTISTE DANS CE PAYS?
ÉVIDEMMENT, MAFALDA. QU'EST-CE QUE TU CROIS?
QU'ILS ÉTAIENT TOUS PARTIS AUX ÉTATS-UNIS!

QU'EST-CE QUI SE PASSE? LE RÉFRIGÉRATEUR S'EST MIS EN MARCHE?
NON, C'EST MON PÈRE QUI S'HABILLE POUR ALLER CHEZ LE DENTISTE.

MON PÈRE M'A RACONTÉ SA SÉANCE CHEZ LE DENTISTE.
JE VOUDRAIS BIEN VOIR COMMENT C'EST, UN CABINET DENTAIRE!
OH! TU SAIS... CE N'EST RIEN D'ORIGINAL.
C'EST UN DE CES NOMBREUX ENDROITS OÙ L'ON VA, OÙ L'ON S'ASSEOIT...
...ET OÙ L'ON OUVRE LA BOUCHE POUR NE RIEN DIRE.

RACONTE, MAFALDA, RACONTE! IL A EU TRÈS MAL, TON PÈRE, CHEZ LE DENTISTE?
NON, PARCE QUE LE DENTISTE A UNE FRAISE A ULTRASONS QUI NE FAIT PAS MAL.
ALORS, IL N'A ABSOLUMENT RIEN SENTI.
ÇA N'INTÉRESSE PERSONNE, UNE HISTOIRE OÙ LE HÉROS NE SOUFFRE PAS!

CELUI QUI TRAVAILLE SAIT QUE CELUI QUI NE FAIT RIEN PASSE UN SALE MOMENT.
ET CELUI QUI NE FAIT RIEN SE PLAINT.
PARCE QUE NOUS SOMMES EN PLEINE CRISE SOCIALE ET SYNDICALE! VOILA CE QUI SE PASSE DANS CE PAYS!
MAIS, ON PARLAIT DE CE QUI SE PASSE CHEZ LE DENTISTE!

SUSANITA A DÉJÀ RACONTÉ TANT DE FOIS SON HISTOIRE À LA NOIX!
"...ET LE PRINCE PRIT CENDRILLON DANS SES BRAS ET...
...DANSA AVEC ELLE TOUTE LA SOIRÉE ...SA AVEC ELLE TOUTE LA SOIRÉE ...SA AVEC ELLE TOUTE LA SOIRÉE...
TIC TIC
...JUSQU'À CE QUE L'HORLOGE SONNE LES DOUZE COUPS, ALORS CENDRILLON..."
ELLE A DÉJÀ RACONTÉ TANT DE FOIS SON HISTOIRE, QU'ELLE EST RAYÉE!

AINSI VOILÀ TA PETITE FILLE? QU'ELLE EST MIGNONNE!
DIS-MOI, PETITE, QUI TU PRÉFÈRES, TON PAPA OU TA MAMAN?
VOUS SOUHAITEZ LA RÉPONSE "STANDARD", OU VOUS PRÉFÉREZ QUE J'APPROFONDISSE?

LA SOUPE EST À L'ENFANCE CE QUE LE COMMUNISME EST À LA DÉMOCRATIE!

BYE-BYE, LES FILLES!
SALUT, FELIPE!
IL EST TRÈS BIEN, FELIPE, NON?
EST-CE QU'IL EST PRISÉ EN EUROPE ET AUX ÉTATS-UNIS...
QU'EST-CE QUE TU VEUX DIRE PAR LÀ?
BEN... QU'UNE CHOSE DOIT ÊTRE PRISÉE EN EUROPE ET AUX ÉTATS-UNIS POUR ÊTRE BIEN.

CE N'EST PAS POSSIBLE QUE LA SEULE CHOSE QUI T'INTÉRESSE, ICI-BAS C'EST D'ÊTRE MAÎTRESSE DE MAISON !
205
DE NOS JOURS, LA FEMME EST APPELÉE À OCCUPER UNE PLACE DE PLUS EN PLUS IMPORTANTE !
DEMAIN, SANS FAUTE, JE COMMENCE UN RÉGIME CONTRE L'IMPORTANCE !
QUINO
J'AI UNE HISTOIRE TRÈS DRÔLE !
RACONTE !
206
UN SOUS-MARIN EST EN PLONGÉE. ET IL DESCEND SI BAS, SI PROFOND QUE LES POISSONS SE DEMANDENT : "C'EST UN SOUS-MARIN OU C'EST LA MONNAIE NATIONALE ?"
HA!HA! HA!HA!
QUINO
JE M'EN DOUTAIS... C'EST TROP PROFOND POUR EUX !
QUAND JE SERAI GRANDE, JE SERAI INTERPRÈTE À L'O.N.U.
207
AINSI JE CONTRIBUERAI À LA PAIX DANS LE MONDE !
J'APPRENDRAI L'ANGLAIS, LE RUSSE.
DITES-LUI QU'IL PEUT ALLER SE FAIRE
U.S.A.
INTERPRÈTE
U.R.S.S.
...ET UN PEU DE JUDO AU CAS OÙ...
QUINO
C'EST BIEN. TU PERDS AVEC LE SOURIRE, SUSANITA !
208
IL Y EN A, QUAND ILS PERDENT, FAUT VOIR DANS QUEL ÉTAT ILS SE METTENT !
SNIFF !
QUINO
IMBÉCILE ! J'AVAIS RÉUSSI À TENIR ! TU M'AS FAIT CRAQUER !

ÇA Y EST, TU N'ES PLUS LA FILLE D'UNE FEMME MÉDIOCRE!
!
J'AI PASSÉ MES U.V. ET J'AI LE DIPLÔME!
209
MAMAN! CETTE NUIT J'AI RÊVÉ QUE TU AVAIS TA LICEN...
?

CETTE NUIT J'AI RÊVÉ QUE MA MÈRE AVAIT FAIT DES ÉTUDES!
210
ELLE AVAIT ÉTÉ À L'UNIVERSITÉ ET TOUT ÇA?
BIEN SÛR!
ET ELLE S'ÉTAIT TROUVÉ UN FIANCÉ?
UN FIANCÉ? NON!
ALORS ELLE ÉTAIT ALLÉE À L'UNIVERSITÉ POUR RIEN!
QUINO

TU RÊVES SOUVENT, MANOLITO?
OUI, JUSTEMENT CETTE NUIT J'AI RÊVÉ.
211
J'AI RÊVÉ QUE J'ÉTAIS DANS LA BOUTIQUE DE MON PÈRE ET JE VOYAIS QUE LES PRIX DE TOUS LES ARTICLES MONTAIENT, MONTAIENT, MONTAIENT.
ET?
C'EST TOUT.
TU POURRAIS TROUVER DES SCÉNARIOS MOINS TERRE À TERRE, POUR TES RÊVES.
QUINO

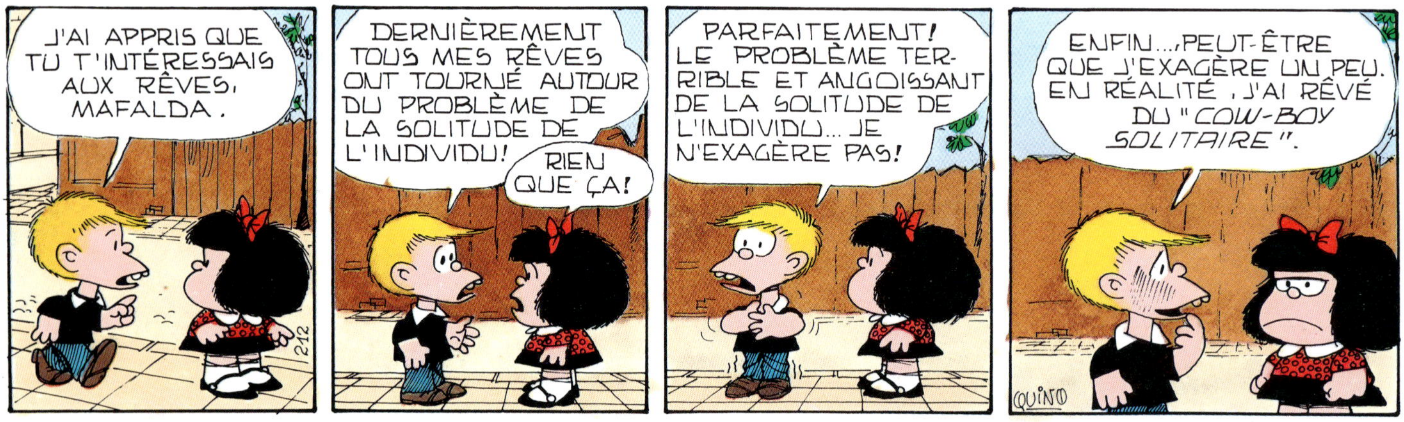
J'AI APPRIS QUE TU T'INTÉRESSAIS AUX RÊVES, MAFALDA.
212
DERNIÈREMENT TOUS MES RÊVES ONT TOURNÉ AUTOUR DU PROBLÈME DE LA SOLITUDE DE L'INDIVIDU!
RIEN QUE ÇA!
PARFAITEMENT! LE PROBLÈME TERRIBLE ET ANGOISSANT DE LA SOLITUDE DE L'INDIVIDU... JE N'EXAGÈRE PAS!
ENFIN..., PEUT-ÊTRE QUE J'EXAGÈRE UN PEU. EN RÉALITÉ, J'AI RÊVÉ DU "COW-BOY SOLITAIRE".
QUINO

EST-CE QUE JE VOUS AI DÉJÀ DIT QUE QUAND JE SERAI GRANDE J'AURAI DES ENFANTS ?
TRENTE-SIX MILLE FOIS !!
JE SUIS HEUREUSE D'EN PARLER AVEC DES GENS SI BIEN INFORMÉS !
213
PAPA ?
UUUH ?
JE NE PEUX PAS DORMIR !
COMPTE LES MOUTONS !
PAPA...
MMM ?
DIS-MOI, EST-CE QU'ON VEND DES ORDINATEURS À CRÉDIT ?
214
ÉCOUTEZ : "EN 1900, IL Y AVAIT 1.600.000.000 HABITANTS. AUJOURD'HUI, NOUS SOMMES TROIS MILLIARDS.
...ET ON CALCULE QUE D'ICI TRENTE ANS, NOUS ATTEINDRONS LES SEPT MILLIARDS..."
S'IL TE PLAIT, MANOLITO, VOUDRAIS-TU NE PAS ANTICIPER ET RETIRER TON COUDE DE MES CÔTES !
215
TU SAIS LA NOUVELLE, SUSANITA ? DANS TRENTE ANS, IL Y AURA SEPT MILLIARDS D'HABITANTS SUR TERRE !
GRANDS DIEUX ! ET MES ENFANTS ?
QUOI, TES ENFANTS ?
ILS TIENDRONT ?
216

AINSI, SELON LES STATISTIQUES, NOUS ATTEINDRONS LES SEPT MILLIARDS DANS TRENTE ANS !
JE ME DEMANDE QUELLE SERA LA SOLUTION AU PROBLÈME DE LA SURPOPULATION.
UN FUSIL ?

C'EST TERRIFIANT DE SAVOIR QUE DANS TRENTE ANS, LE MONDE VA ÊTRE ARCHI-SURPEUPLÉ PAR SEPT MILLIARDS D'HABITANTS !
OUI... ET A CE MOMENT-LA, NOUS AURONS L'ÂGE DE NOS PARENTS !
ALORS, NOUS SERONS NON SEULEMENT SERRÉS, MAIS VIEUX !

¡ET LORSQUE LA POPULATION MONDIALE ATTEINDRA SEPT MILLIARDS... NOUS SERONS SERRÉS COMME DES SARDINES !!...
ALLONS, MAFALDA ! NE T'EN FAIS PAS ! LE PROBLÈME N'EST PAS LE NOMBRE DE GENS !!
CE QUI COMPTE, C'EST QUE LE NOMBRE D'IMBÉCILES NE S'ACCROISSE PAS... ET IL N'Y A PAS DE RAISON QUE CELA ARRIVE ...
TU AS RAISON FELIPE. JE N'Y AVAIS PAS PENSÉ ! MERCI DE M'AVOIR RASSURÉE ...
JE PENSE QUE JE NE SERAI PAS UN SI MAUVAIS PÈRE...

LA BARBE !
POURQUOI TU TE FÂCHES, SUSANITA ?
C'EST À CAUSE DE CETTE HISTOIRE DE SURPOPULATION !
TOI AUSSI ! MAIS QU'EST-CE QUE ÇA PEUT FAIRE SI LE MONDE EST PLUS PEUPLÉ QUE MAINTENANT ?
C'EST QUE DANS UNE TELLE FOULE, LES INDIVIDUALISTES COMME MOI NE SAURONT PLUS OÙ METTRE LES PIEDS !

LÂCHEUSE! TU M'AS FOURRÉ DANS LE CRÂNE CETTE HISTOIRE DE SURPOPULATION ET MAINTENANT TU T'EN MOQUES!
QUEL RASOIR, MON DIEU!
221
QUAND CE MONDE SERA SURPEUPLÉ, ON MANQUERA DE NOURRITURE!
LE JOURNAL
DERNIÈRE: PLUS DE SOUPE
L'ONU SE POSE LE PROBLÈME
?
¡ÚÚÚJHUU
QUINO

222
T'AS UN SIFFLET?
PAR CETTE FOUTUE CHALEUR, JE M'EN SERS À CAUSE DE MON PÈRE...
TON PÈRE ? QU'EST-CE QUE TON PÈRE A À VOIR...
PRRRiiP!
QUINO
CHAUFFARD!
LES PLANTES POUSSENT VITE PAR CETTE CHALEUR...

223
REGARDE, PAPA! TU AS PERDU UNE PETITE GRAINE!
DEPUIS QUAND TE SERS-TU DE TON PETIT DOIGT COMME ÇA?
BAH... ÇA M'A FAIT TOUT DRÔLE DE DÉSIGNER UNE INNOCENTE GRAINE AVEC L'INDEX.
L'INDEX A TELLEMENT SERVI EN POLITIQUE!
QUINO

224
L'INDEX, C'EST VRAIMENT UN DOIGT FANTASTIQUE!
POUR TÉLÉPHONER... FEUILLETER UN LIVRE...
...FAIRE TAIRE LES GENS ...APPUYER SUR LES TOUCHES...
QUINO
...UN VRAI CADRE SUPÉRIEUR.

INCROYABLE, L'IMPORTANCE DE L'INDEX!
UN PATRON MET SON INDEX COMME ÇA ET TROIS MILLE OUVRIERS SONT À LA RUE!
AAAAAH!...
AINSI LES CHÔMEURS, C'EST COMME LES LIVRES... ON LES MET À L'INDEX!

TU VOIS CE DOIGT? EH BIEN, L'AVENIR DE L'HUMANITÉ DÉPEND D'UN DOIGT COMME ÇA.
IL SUFFIT QUE QUELQU'UN L'APPUIE SUR LE BOUTON QUI DÉCLENCHE LA GUERRE NUCLÉAIRE ET LE MONDE EXPLOSE!
Y A-T-IL QUELQUE CHOSE DE PLUS FORT QUE CE DOIGT?
UNE PORTE!

L'INCONVÉNIENT, C'EST QU'ON NE PEUT PAS METTRE UNE ALLIANCE À L'INDEX.
EN PLUS, IL SERT À DIRE "NON"!...
MAIS REGARDE COMME IL EST RIDICULE POUR DIRE "OUI".
NI POUR L'ALLIANCE, NI POUR DIRE OUI, DISONS QUE CE N'EST PAS UN DOIGT TRÈS NUPTIAL!

OH! QUELLE JOLIE PLANTE!
TON PÈRE A DE TRÈS JOLIES PLANTES, MAFALDA.
ELLES SONT EN PLASTIQUE, NON?
DONNEZ-MOI QUELQUE CHOSE CONTRE LA JAUNISSE!

PAPA...
QU'EST-CE QU'IL Y A ?
JE NE PEUX PAS DORMIR!
ENCORE? COMPTE LES MOUTONS, MAFALDA!
PSSST!
QU'EST-CE QUE TU FAIS ICI? RETOURNE AU LIT COMPTER LES MOUTONS!
T'ES PAS FOU! A PREMIÈRE VUE, ILS SONT SEPT MILLE!

QUE MANOLITO, BÊTE COMME IL EST, AIME LA SOUPE, ÇA NE M'ÉTONNE PAS! CE QUI ME MET HORS DE MOI, C'EST QU'ON VOUDRAIT NOUS FAIRE CROIRE QUE CEUX QUI N'EN MANGENT PAS NE GRANDIRONT PAS.
ALMACEN
!
VOUS SAVEZ QUE MON FRÈRE A ENFIN FINI SON SERVICE MILITAIRE?
OUI. ET C'EST MÊME LA PLUS GRANDE FRAYEUR QUE NOUS AIENT FAITE LES MILITAIRES!
?

ALORS, TON FRÈRE VIENT DE TERMINER SON SERVICE MILITAIRE? PARLE-MOI DE LUI, MON CHER MANOLITO.
LES JEUNES FILLES DE LA BONNE SOCIÉTÉ L'INVITAIENT À LEURS SURPRISES-PARTIES, ET LUI, IL LES FAISAIT DANSER DANS SON BEL UNIFORME D'OFFICIER.
MON FRÈRE N'ÉTAIT PAS OFFICIER! IL ÉTAIT DEUXIÈME CLASSE!
QUELLE HORREUR!

MANOLITO ÉTAIT SI CONTENT QUE SON FRÈRE AIT FINI SON SERVICE MILITAIRE!
ET ALORS?
SUSANITA LUI A DIT QUE C'ÉTAIT HONTEUX D'AVOIR UN FRÈRE DEUXIÈME CLASSE!
QUELLE BÊCHEUSE!
SI ELLE ÉTAIT EN ISRAËL, ELLE FERAIT SON SERVICE MILITAIRE. ON VERRAIT CE QUE ÇA DONNERAIT!
JE SERAIS ANTISÉMITE!

PAPA, TU AS FAIT TON SERVICE MILIT...
?
MON SERVICE MILITAIRE? ÉVIDEMMENT! JE ME SOUVIENDRAI TOUJOURS DU JOUR OÙ LE CAPORAL BEXIGA M'A SUCRÉ MA PERMISSION PARCE QUE JE N'AVAIS PAS SALUÉ...
...ET LA NUIT OÙ, AU MOMENT DE PARTIR EN MANOEUVRES, NOUS AVIONS DÉCIDÉ DE FAIRE SEMBLANT DE DORMIR! AH, IL ÉTAIT FURIEUX LE CAPITAINE MORA, LUI QUI N'AVAIT DÉJÀ PAS BON CARACTÈRE! IL NOUS A TOUS MIS AU TROU! ALORS POUR SE VENGER ON...
...LUI A MIS SON LIT EN PORTE FEUILLE! C'EST LÀ QUE L'ADJUDANT-CHEF BERNARD EST INTERVENU... CELUI-LÀ, C'ÉTAIT UN TYPE, IL...
DORS BIEN, MAFALDA...
EXCUSE-MOI MAMAN... JE NE SAVAIS PAS...

À DIRE VRAI, ÇA ME FAIT UN PEU PEUR DE ME DIRE QU'UN JOUR IL FAUDRA QUE JE FASSE MON SERVICE MILITAIRE
ESPÈCE D'INCAPABLE! JE VAIS TE METTRE AU TROU!
VOUS FERIEZ MIEUX DE VOUS ABSTENIR, SERGENT!
CIEL! LE "COW-BOY SOLITAIRE"!
TU AS ENTENDU, CETTE NUIT L'IDIOT QUI, À JE NE SAIS QUELLE HEURE, S'EST MIS À CRIER "HURRAH"!
N...NON, NON!

TON FRÈRE A PEUT-ÊTRE ÉTÉ UN BON DEUXIÈME CLASSE, MAIS MOI, VOIS-TU, JE N'AIME PAS LA TROUPE!
DÉFENDS-TOI, MANOLITO! ON EST AVEC TOI!
LES SOLDATS, ILS SONT LAIDS ET TONDUS!
HA! HA! HA!
ÉVIDEMMENT, ELLE, ELLE PRÉFÈRE LA PÈGRE AUX CHEVEUX LONGS, COMME LES "BEATLES"!
HOLÀ!

ALORS, TU N'AIMES PAS LES "BEATLES", MANOLITO?
RIEN QU'À ENTENDRE LEUR NOM, ÇA ME DONNE QUARANTE DE FIÈVRE!
COMMENT ÇA? TU N'ADMIRES PAS LES MILLIONNAIRES? ILS SONT MILLIONNAIRES, LES "BEATLES"!
BON, ET APRÈS? TU CROIS QUE ÇA VA CHANGER MON OPINION SUR LES "BEATLES", HEIN?
QU'EST-CE QUI SE PASSE AVEC LES "BEATLES"?
RIEN QU'À ENTENDRE LEUR NOM, ÇA ME DONNE TRENTE-SEPT DE FIÈVRE!

237
SI VOUS CROYEZ QUE LES "BEATLES" VONT ME PLAIRE PARCE QU'ILS SONT MILLIONNAIRES, ALORS LÀ, VOUS VOUS TROMPEZ!
À WALL STREET, LÀ, IL Y A DES MILLIONNAIRES! ET CEUX-LÀ, OUI, JE LES ADMIRE!
LES "BEATLES" NE FONT DANSER QUE LES JEUNES!
MAIS À WALL STREET, ILS FONT DANSER TOUT LE MONDE!!
... ET SANS GUITARE!

C'EST DANS COMBIEN DE JOURS, NOËL?
ATTENDS. AUJOURD'HUI, C'EST LE 13 DÉCEMBRE.
238
ALORS NOËL, CE SERA DANS...
MUM... EU ... ROI... ATRE...
C'EST ÇA... DANS...
FLÛTE! IL ME MANQUE DES DOIGTS!
...DANS?
DANS MA CHAUSSURE!

VINGT-CINQ!
239
... VINGT...
?
... SSS...
BEEEEE!..
SIX!
ZZZZ

240
PFH! PFH!
BON! À NOUS DEUX!
PAR OÙ FAUT-IL COMMENCER À POUSSER CE PAYS POUR QU'IL AVANCE?

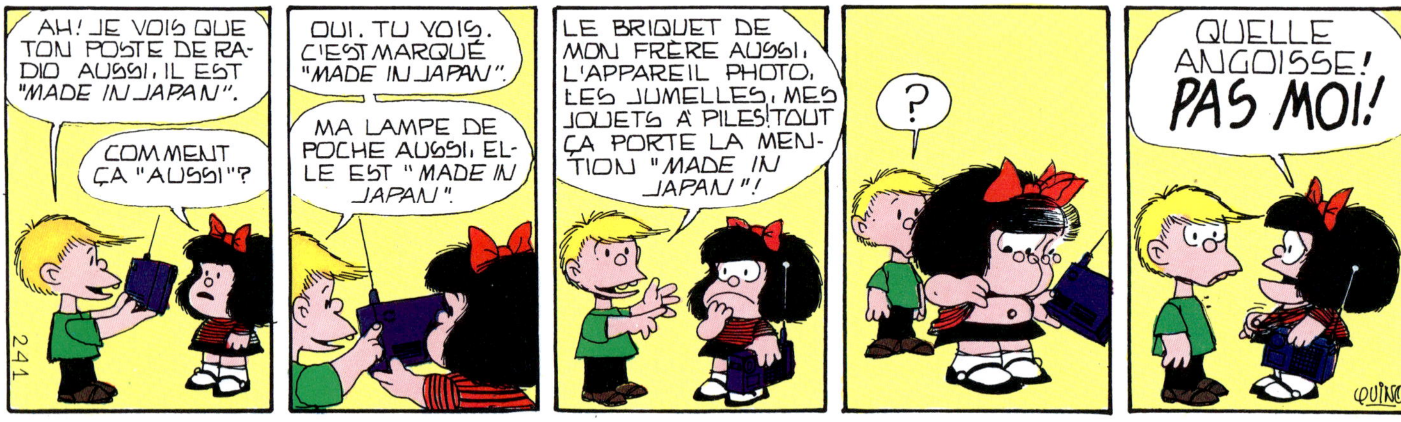
241
AH! JE VOIS QUE TON POSTE DE RADIO AUSSI, IL EST "MADE IN JAPAN".
COMMENT ÇA "AUSSI"?
OUI. TU VOIS. C'EST MARQUÉ "MADE IN JAPAN".
MA LAMPE DE POCHE AUSSI, ELLE EST "MADE IN JAPAN".
LE BRIQUET DE MON FRÈRE AUSSI, L'APPAREIL PHOTO, LES JUMELLES, MES JOUETS À PILES! TOUT ÇA PORTE LA MENTION "MADE IN JAPAN"!
?
QUELLE ANGOISSE! PAS MOI!
QUINO

242
QUAND JE SERAI GRANDE, JE DEMANDERAI UNE BOURSE POUR ALLER AU JAPON.
UN PAYS QUI FABRIQUE ANT DE JOLIES CHOSES DOIT ÊTRE FANTASTIQUE!
ET PUIS LES JAPONAIS ONT TOUJOURS BEAUCOUP D'ENFANTS!
CELLE-LÀ ET SES ENFANTS!
AU CAS OÙ TU NE LE SAURAIS PAS, LE JAPON EST CE QU'IL EST GRÂCE À SA PRODUCTION INFANTICOLE!
QUINO

243
TU NE TROUVES PAS QUE LES JAPONAIS SONT PASSIONNANTS?
OH, SI! JE SAIS DES TAS DE CHOSES SUR EUX!
PAR EXEMPLE, POUR SE SUICIDER, ILS ATTRAPENT UN COUTEAU ET...
FFFGSGSSST!
ILS SE FONT IKEBANA!
MAIS NON! L'IKEBANA, C'EST L'ART DE DISPOSER LES FLEURS!
DE DISPOSER LES FLEURS?
CE SONT LES CROQUE-MORTS QUI S'EN OCCUPENT, IDIOTE!
QUINO

244
COMMENT ÇA S'APPELLE CE QUE LES JAPONAIS SE FONT AVEC UN COUTEAU POUR SE SUICIDER?
"HARA-KIRI". POURQUOI?
PARCE QUE J'AI SOUTENU À MAFALDA QUE ÇA SE DISAIT "IKEBANA".
C'EST PAS GRAVE. VA LA VOIR ET DIS-LUI: "MAFALDA, JE ME SUIS TROMPÉ. TU AVAIS RAISON".
JE SAIS; C'EST DUR DE RECONNAÎTRE QU'ON A EU TORT!
PLUS QUE DUR!
C'EST L'HARA-KIRI DE L'AMOUR-PROPRE!
QUINO

245
KIMONO HITACHI FUJI-YAMA HARA-KIRI MINOLTA HIRO-HITO?
?
KARATÉ HIROSHIMA GEISHA! SAMURAÏ IKEBANA?
ET APRÈS, ILS VIENNENT NOUS PARLER D'UNE MEILLEURE COMPRÉHENSION ENTRE ORIENT ET OCCIDENT!
QUINO

246
NOËL APPROCHE. IL FAUT PENSER AUX CADEAUX.
OUI, JE VAIS DONNER DES BRETELLES À MON PÈRE.
ÇA VA METTRE UN PEU D'ÉLASTICITÉ DANS NOS RAPPORTS.
PARCE QUE MON PÈRE, QUAND IL EST EN COLÈRE CONTRE MOI, IL DEVIENT, COMMENT DIRE? TRÈS...
...RIGIDE?
NON... DUR DE LA CEINTURE!
QUINO

247
ENFIN, MON DIEU, ENFIN!
QU'Y A-T-IL, MAFALDA?
NOËL ARRIVE, ET IL ARRIVE POUR TOUT LE MONDE, SANS DISTINCTION! TU TE RENDS COMPTE!
ET ALORS?
TU NE TE RENDS PAS COMPTE?
DE QUOI?
ENFIN QUELQUE CHOSE ARRIVE QUI N'EST PAS RÉSERVÉ AUX CADRES SUPÉRIEURS!
QUINO

248
JOYEUX NOËL À TOUS LES PEUPLES DE L'OCCIDENT!
JOYEUX NOËL À TOUS LES PEUPLES DE L'ORIENT!
...OUS LES PEUPLES DE L'ORIENT
ÇA A REBONDI SUR CE SACRÉ RIDEAU DE FER!
QUINO

TIENS, VOILÀ MAFALDA QUI RÉFLÉCHIT! ELLE VA ENCORE ME POSER UNE DE SES QUESTIONS!
249
"PAPA ... POURQUOI ÇA ET PAS ÇA?"
AAAAAH!...
JE COMMENCE À VOIR LE RÔLE IMPORTANT QUE JE JOUE DANS LE MÉTABOLISME DE CETTE FAMILLE.
NERVO CALM
FARMACIA
QUINO

DIS-MOI, PAPA, ELLE EXISTE L'ANNÉE PROCHAINE?
QUI EXISTE?
250
L'ANNÉE PROCHAINE, ELLE EXISTE VRAIMENT? OU BIEN C'EST UNE DE CES CHOSES QU'ON PROMET ET QUI NE VIENT JAMAIS?
DIS!
MAIS, MAFALDA, COMMENT VEUX-TU QU'ELLE N'EXISTE PAS L'ANNÉE PROCHAINE?
TU L'AS VUE, TOI?
QUINO

JE ME DEMANDE COMBIEN AURA DE MOIS L'ANNÉE QUI VIENT?
251
QUELLE QUESTION! DOUZE! TU T'ATTENDS À QUOI?
QUINO
A UNE ANNÉE COMPACTE!

J'AI L'IMPRESSION QUE L'ANNÉE NOUVELLE VA ÊTRE PIRE QUE TOUT CE QU'ON PEUT IMAGINER...
252
QU'EST-CE QUI TE FAIT PENSER ÇA?
AS-TU ENTENDU UNE SEULE CHANSON OU VU UNE SEULE AFFICHE QUI VANTE LA QUALITÉ DE L'ANNÉE QUI VIENT?
À VRAI DIRE, NON!
ET BIEN ALORS! QU'EST-CE QU'ON PEUT ATTENDRE D'UNE ANNÉE SI MAL PROMOTIONNÉE?
QUINO

UNE EXPRESSION AUSSI ÉCULÉE QUE "BONNE ANNÉE" NE PEUT CONVAINCRE QUE L'ANNÉE PROCHAINE SERA MEILLEURE QUE CELLE-CI.
253
ET QU'EST-CE QU'IL FAUDRAIT, OUI, SELON TOI?
VOICI VENIR L'ANNÉE NOUVELLE! CE SERA UNE ANNÉE GAZEUSE ET 100% NATURELLE!
TU CROIS QUE ÇA NE STIMULERAIT PAS LES GENS ÇA?
NON.
ET BIEN, MOI NON PLUS!
QUINO

LA QUALITÉ DE SES MOIS FAIT QUE L'ANNÉE NOUVELLE LE SERA PLUS QU'UNE AUTRE! RETENEZ ÇA: "L'ANNÉE NOUVELLE"!
254
CE N'EST PAS ÇA!
COMME LES AGENDAS À LA MODE, UTILISEZ "L'ANNÉE NOUVELLE"!
C'EST PAS MIEUX!
RIEN À FAIRE!
IL EST DONC ÉVIDENT QUE LA SEULE CHOSE À DIRE À PROPOS DE L'ANNÉE NOUVELLE, C'EST "BONNE ANNÉE".
QUINO

ON A RÉSOLU LE PROBLÈME DE LA FAIM ET DE LA PAUVRETÉ DANS LE MONDE?
255
ON A SUPPRIMÉ LES ARMES NUCLÉAIRES?
OUI??
J'AI L'IMPRESSION QUE NON, MAFALDA.
QUINO
ET ALORS, POURQUOI DIABLE AVOIR CHANGÉ D'ANNÉE!?

TIC!
256
..."ET VOICI LE JOURNAL PARLÉ: NOUVEAUX BOMBARDEMENTS DES DIGUES AU NORD-VIETNAM."
TIC!
ON LEUR DONNE UNE ANNÉE NOUVELLE ET LE PREMIER JOUR, ILS LA CASSENT!
QUINO

HEUREUSEMENT QUE LE PÈRE NOËL SAIT TOUT, SINON IL NE SAURAIT JAMAIS CE QUE NOUS LUI DEMANDONS, NOUS LES ANALPHABÈTES !

C'EST CETTE NUIT QUE PASSE LE PÈRE NOËL !
QU'EST-CE QUE JE SUIS ÉNERVÉE ! PAS TOI ?
ET BIEN ! PAS TOI ? TU N'ES PAS ÉNERVÉ ? QU'EST-CE QUE TU AS ?
DES CACHETS DE "NERVO-CALM".

LE PÈRE NOËL ! LE PÈRE NOËL EST PASSÉ ! LE PÈRE NOËL, LA BARBE !
C'EST VRAI, QUOI... LA GÉRONTOCRATIE A DES LIMITES...

IL EST BEAU TON CAMION ! C'EST LE PÈRE NOËL QUI TE L'A APPORTÉ ?
OUI.
IL A BIEN FAIT SON MÉTIER DE PÈRE NOËL.
OUI. DOMMAGE QUE J'AIE BIEN FAIT MON MÉTIER D'ENFANT !
GGGGGG...

261
IL EST BEAU! TU ME LE PRÊTES?
PIÉTONNE!
262
QUOI?
QUOI?
JE TE DEMANDE SI MON CASQUE DE COSMONAUTE TE PLAIT ?
QUINO
263
ON NE M'ENTEND PAS QUAND JE PARLE SOUS MON CASQUE ?!
INUTILE D'INSISTER! LES GENS N'ENTENDRONT JAMAIS RIEN AU PROGRÈS!
264
?
TUP!
BONK!
QUINO
C'EST TOI, GORDON COOPER ?

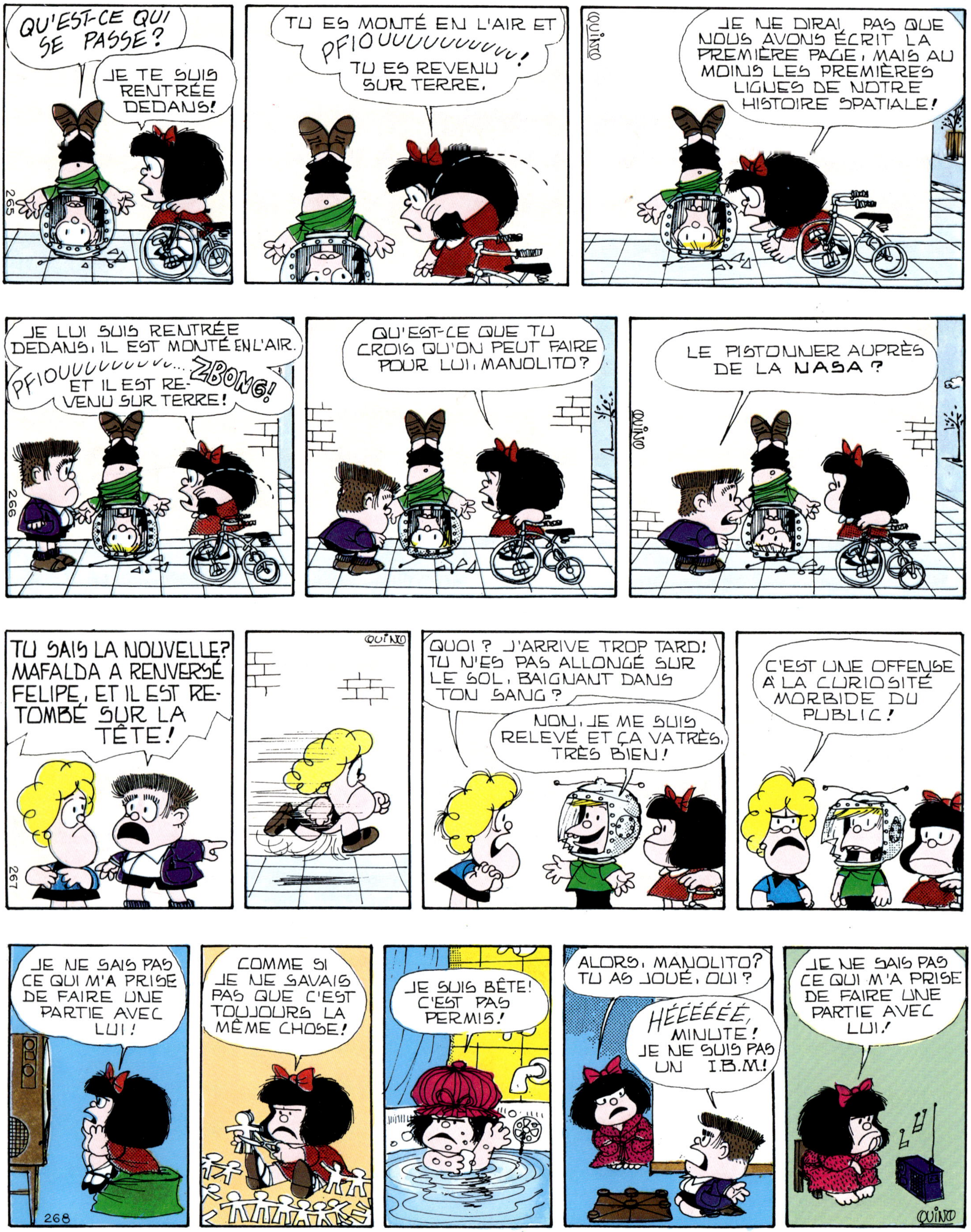
QU'EST-CE QUI SE PASSE?
JE TE SUIS RENTRÉE DEDANS!
265
TU ES MONTÉ EN L'AIR ET PFIOUUUUUUUUUU! TU ES REVENU SUR TERRE.
QUINO
JE NE DIRAI PAS QUE NOUS AVONS ÉCRIT LA PREMIÈRE PAGE, MAIS AU MOINS LES PREMIÈRES LIGNES DE NOTRE HISTOIRE SPATIALE!
JE LUI SUIS RENTRÉE DEDANS, IL EST MONTÉ EN L'AIR. PFIOUUUUUUUUU... ET IL EST REVENU SUR TERRE!
ZBONG!
266
QU'EST-CE QUE TU CROIS QU'ON PEUT FAIRE POUR LUI, MANOLITO?
QUINO
LE PISTONNER AUPRÈS DE LA NASA?
TU SAIS LA NOUVELLE? MAFALDA A RENVERSÉ FELIPE, ET IL EST RETOMBÉ SUR LA TÊTE!
267
QUINO
QUOI? J'ARRIVE TROP TARD! TU N'ES PAS ALLONGÉ SUR LE SOL, BAIGNANT DANS TON SANG?
NON, JE ME SUIS RELEVÉ ET ÇA VA TRÈS, TRÈS BIEN!
C'EST UNE OFFENSE À LA CURIOSITÉ MORBIDE DU PUBLIC!
JE NE SAIS PAS CE QUI M'A PRISE DE FAIRE UNE PARTIE AVEC LUI!
268
COMME SI JE NE SAVAIS PAS QUE C'EST TOUJOURS LA MÊME CHOSE!
JE SUIS BÊTE! C'EST PAS PERMIS!
ALORS, MANOLITO? TU AS JOUÉ, OUI?
HÉÉÉÉÉÉ, MINUTE! JE NE SUIS PAS UN I.B.M.!
JE NE SAIS PAS CE QUI M'A PRISE DE FAIRE UNE PARTIE AVEC LUI!
QUINO

269
LES GRANDS HOMMES DEVAIENT ÊTRE DES GENS TRÈS ÉQUILIBRÉS!
QUINO

270
VOUS VOULEZ QUE JE VOUS RACONTE CENDRILLON?
NON!
NON!
UN SEUL, ÇA SUFFIT! PAS BESOIN DE ME LE DIRE EN STÉRÉO!
QUINO

271
BANG! BANG! OOUUUG!
BIEN JOUÉ, JOE!
BANG! BANG! AAAAY!
?
BIEN JOUÉ, JOE!
QUINO

272
OÙ AS-TU REÇU LE COUP? OÙ ÇA?
ICI! ICI!
...ET VOUS ÉTIEZ À CÔTÉ DE LUI?
OUUUUI!
MON FIL EST PEUT-ÊTRE UN PEU TROP LONG.
QUINO

273
J'AI BIEN PEUR D'ÊTRE À L'ORIGINE D'UNE PSYCHOSE.
QUINO

274
JE TE PRÉVIENS QUE MANOLITO EST EN TRAIN D'APPRENDRE À JOUER AU BILBOQUET ET QUE C'EST UNE CATASTROPHE!
REGARDE!
QUINO
C'EST DU PROPRE! EN VOILÀ DES FAÇONS D'AIMER TES AMIS! SI TU AIMAIS TES AMIS, TU LES DÉFENDRAIS!
PARCE QUE LES AMIS, IL FAUT LES DÉFENDRE, TU ENTENDS?
...ET PAS LES PRÉVENIR QUAND C'EST TROP TARD!
ANDOUILLE!

275
UN OVNI! UN OVNI!
UN OV...
TOC!
QUINO

276
TOC! TOC!
APRÈS, ON DIRA QUE C'EST LA TÉLÉVISION QUI NOUS DÉFORME!
QUINO

BONJOUR, MAFALDA! JE VIENS TE PRÊTER MES ILLUSTRÉS!
MERCI, SUSANITA! TU ES BIEN GENTILLE! ILS SONT TRÈS BIEN!
HÉ!
TU N'ES PAS UN PEU JALOUSE QU'ILS NE SOIENT PAS À TOI?

VOYONS... DIX JOURS À L'HÔTEL, REPAS NON COMPRIS ÇA FAIT...
BON DIEU!..
ET AVEC LES REPAS, ÇA FAIT...
QUI A RONGÉ MON CRAYON?!...

COMBIEN PRENDS-TU DE VACANCES?
DIX JOURS, JE CROIS... ÇA DÉPEND DE PAPA.
IL DIT QUE LES PRIX DES BILLETS, C'EST DU DÉLIRE. QUE LES HÔTELS, C'EST DU DÉLIRE, ET TOUT LE RESTE C'EST DU DÉLIRE!
ET TOI, COMBIEN DE JOURS DE DÉLIRE TU TE PAIES?

ON A APPRIS QUE TU PARTAIS EN VACANCES CE SOIR, ALORS ON T'APPORTE QUELQUE CHOSE POUR LE VOYAGE.
AU REVOIR, FELIPE, ET MERCI POUR LES CHOCOLATS!
ON TE REGRETTERA!
AU REVOIR, SUSANITA, ET MERCI POUR LES GÂTEAUX!
ON TE REGRETTERA!
AU REVOIR, MANOLITO, ET MERCI POUR LES BONBONS!
MON PÈRE VA LES REGRETTER!

281
COMMENT TROUVES-TU LA MER, MAFALDA?
D'UNE RARE INDÉCISION...

282
C'EST BEAU, LA MER!
TIENS... ELLE S'EN VA!
HÉ! REVIENS!
SCHLAFF!
AU DIABLE, L'OBÉISSANCE!

283
ICI, LE GENRE HUMAIN N'A RIEN D'HUMAIN! ET IL N'A PAS DE GENRE NON PLUS!
QUINO

284
ET DIRE QU'EN CE MOMENT, IL Y A DES MILLIONS DE PERSONNES QUI TRAVAILLENT COMME DES FOUS! ET MOI ICI...
HI! HI!
QUELLE HORREUR! COMMENT EST-CE QUE JE PEUX AVOIR DE TELLES IDÉES! JE SUIS UN ÉGOÏSTE!
HI! HI!
ET LE PIRE, C'EST QUE JE NE SUIS MÊME PAS UN ÉGOÏSTE ORIGINAL!
QUINO

285
L'AVENIR, C'EST PAR LÀ !
QUINO
286
TU M'AS ENTENDUE ?
L'AVENIR C'EST PAR LÀ !
QUINO
RÉACTIONNAIRE!
287
MARCHER À RECULONS! QUELLE MANIE! QUELLE BESTIOLE SANS AVENIR!
TU ES UN ANIMAL STUPIDE ET SANS AVENIR!
A MOINS QUE L'AVENIR SOIT SI MOCHE, QU'ELLE EN REVIENNE!
QUINO
288
BONJOUR! COMMENT TU T'APPELLES ?
MIGUELITO!
ON VA SE BAIGNER, MIGUELITO?
NON!
J'AI HORREUR DE LA MER!
QUINO
HORREUR DEPUIS LE JOUR OÙ J'AI CRU QUE C'ÉTAIT DE LA SOUPE!
NON... JE N'AI RIEN MANGÉ... LAISSEZ-MOI... JE VOUS EXPLIQUERAI...

VIENS, MIGUELITO! VIENS AVEC MOI, TU VAS VOIR; LA MER, CE N'EST PAS DE LA SOUPE...
289
TU VOIS? C'EST SYMPA TOUS CES GENS QUI SE BAIGNENT, NON? ÇA NE TE FAIT PAS ENVIE?
DES NOUILLES
QUINO

PAUVRE MIGUE-LITO!
QU'EST CE QU'IL A?
290
DEPUIS QU'IL S'EST IMAGINÉ QUE LA MER ÉTAIT DE LA SOUPE, IL NE PEUT PLUS LA REGARDER SANS AVOIR MAL AU COEUR!
MAIS...
ÇA Y EST!!
À L'EAU!
BRAVO!... TU AS PRIS TON COURAGE À DEUX MAINS!
NON, J'AI PRIS DU BICARBONATE!
QUINO

MAFALDA, EN VACANCES... FELIPE, EN VACANCES. SUSANITA, EN VACANCES. TOUT LE MONDE EN VACANCES!
291
ET MOI, JE TRAVAILLE. PENDANT QUE LES CIGALES CHANTENT, MOI, COMME LA FOURMI DE LA FABLE, JE PENSE À L'AVENIR!
QUINO
À BAS LA FONTAINE, ÉSOPE, ET TOUS LES AUTRES!

TU L'AS TROUVÉ ICI?
292
OUAIS.
FAIS-VOIR!
QUINO
ET DE L'ESSO, Y EN A AUSSI?

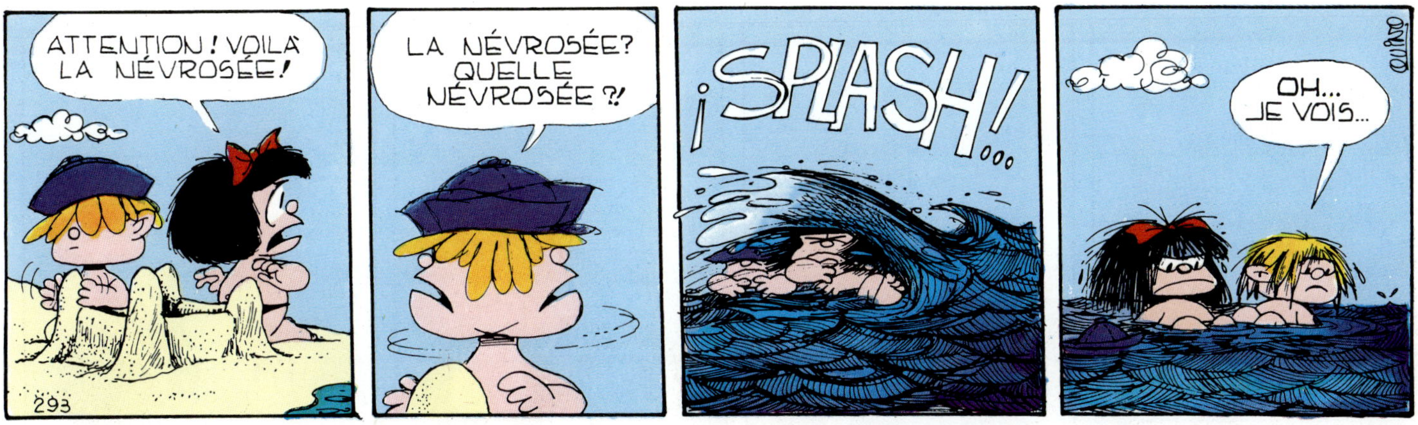
ATTENTION ! VOILÀ LA NÉVROSÉE !
LA NÉVROSÉE? QUELLE NÉVROSÉE ?!
¡SPLASH!...
OH... JE VOIS...
293

MAMAN...
OUI ?...
C'EST LE MÊME SOLEIL QUI A ÉCLAIRÉ NAPOLÉON, BEETHOVEN ET TOUS LES AUTRES?
C'EST LE MÊME ! COMMENT ÇA POURRAIT EN ÊTRE UN AUTRE ?
AH, LA VACHE ! C'EST DU SOLEIL DE PREMIÈRE !
294

DIRE QUE C'EST LE MÊME SOLEIL QUI A ÉCLAIRÉ SHAKESPEARE !
PASTEUR !
BOLIVAR !
BACH...
CONTAMINE-MOI !
295

TU TE RENDS COMPTE, MIGUELITO, C'EST LE MÊME SOLEIL QUI A ÉCLAIRÉ LINCOLN... REMBRANDT...
CERVANTÈS !
DANTE !
MUSSOLINI !
MON GRAND-PÈRE DIT BEAUCOUP DE BIEN DE MUSSOLINI !
296

297
RÉELLEMENT, CE SOLEIL EST TRÈS VIEUX, C'EST LE MÊME QUI ÉCLAIRAIT LES GRECS ET LES ROMAINS...
ET LES ANTIQUES ÉGYPTIENS!
ET CHRISTOPHE COLOMB!
HOLA!HOLA! FAUT PAS EXAGÉRER!
298
OLÉ!OLÉ!
OLÉ!...
À L'EAU
CRÉTIN!
299
SGLÚSH!
LAISSE TOMBER... ÇA MARCHE PAS!
300
MALGRÉ TOUTES LES BASSESSES DE CE MONDE, JE CROIS À L'AVENIR, ET TOI?
BEAUCOUP!
EN FIN DE COMPTE, C'EST NOUS LE FUTUR, LES NOUVELLES GÉNÉRATIONS!
ET JE SUIS CONVAINCUE QUE NOUS CONSTRUIRONS UN MONDE MEILLEUR, SANS CONFLIT!
C'EST POUR ÇA QUE JE CROIS À L'AVENIR... ET TOI?
OUI... BEAUCOUP.

PÉPÉ! TU AS VU LA JOLIE PETITE VOISINE QUE NOUS AVONS?
MH..
AIE!...
TU SAIS, PETITE, J'AI LE SENTIMENT QUE NOUS ALLONS NOUS ENTENDRE
AH BON? VOUS AIMEZ LES BEATLES VOUS AUSSI?
MBE...
MBE, MBE...J'AI L'IMPRESSION QU'ON NE VA PAS S'ENTENDRE, MOI!

MON DIEU!

ALORS C'EST UNE ÉTOILE DE MER!... ET ELLE N'EST PAS TOMBÉE DU CIEL?
NON!
TU ES BIEN SÛR DE ÇA?
PLUS QUE SÛR!

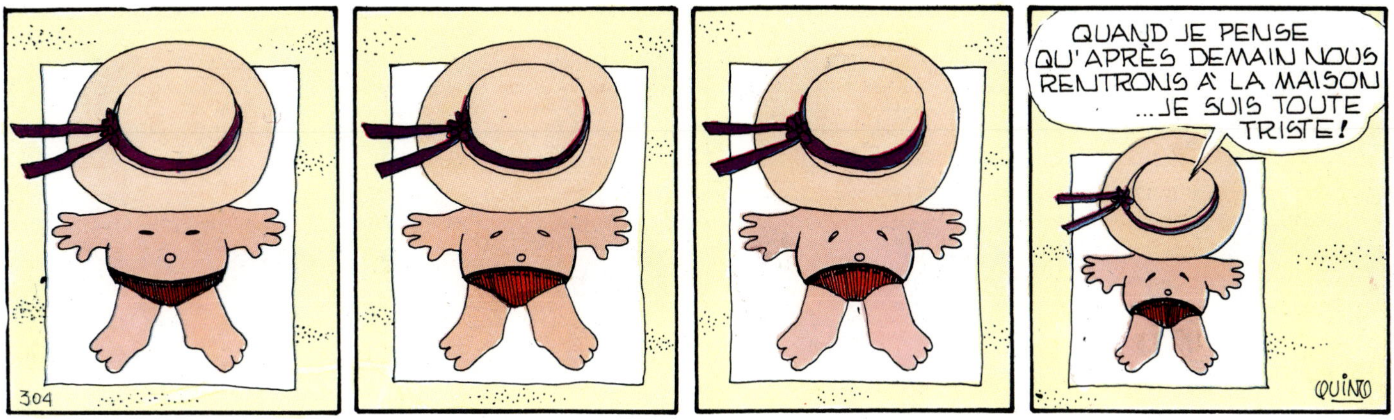
QUAND JE PENSE QU'APRÈS DEMAIN NOUS RENTRONS À LA MAISON ...JE SUIS TOUTE TRISTE!

AUJOURD'HUI C'EST MON DERNIER JOUR DE VACANCES! LA SEULE CHOSE QUI ME CONSOLE C'EST DE SAVOIR QUE TU HABITES PRÈS DE CHEZ NOUS!
OUI!
305
JE TE PRÉSENTERAI À MES AMIS!
COMMENT! ELLE A DES AMIS!
...ET MOI QUI CROYAIS ÊTRE SON AMI, VOILÀ QUE JE NE SUIS QU'UN PARMI TANT D'AUTRES!
VOUS ÊTES TOUTES LES MÊMES!
QUINO

306
VOILÀ... FINIES!
REGARDER PAR LA FENÊTRE, C'EST COMME SI ON VOYAIT LE PAYS À LA TÉLÉVISION!
...MAIS QUEL DOMMAGE QUE LA TÉLÉ AIT DE MEILLEURS PROGRAMMES QUE LE PAYS!
QUINO

MANOLITO!
MAFALDA! COMMENT T'ONT ACCUEILLIE LES VAGUES?
307
NE M'EN PARLE PAS! ELLES N'ONT PAS ARRÊTÉ DE ME GIFLER! ET TOI, ICI, ÇA S'EST BIEN PASSÉ?
PAREIL!
QUINO

PLUS QUE QUELQUES JOURS, ET NOUS IRONS À L'ÉCOLE!
308
TU TE RENDS COMPTE, SUSANITA? ON VA APPRENDRE À LIRE, À ÉCRIRE, À COMPTER!...
TU NE TROUVES PAS QUE C'EST MERVEILLEUX?
OUI... MAIS C'EST TOUT DE MÊME UN PEU TRISTE...
...DE JETER PAR DESSUS BORD TOUTE UNE VIE JUSQUE-LÀ CONSACRÉE À L'ANALPHABÉTISME!
QUINO

309
TOI QUI AS FAIT UNE ANNÉE D'ÉCOLE, FELIPE, DIS-MOI, C'EST COMMENT ?
LA VACHE!
310
TOUT CE QU'ILS VEULENT ME METTRE DANS LA TÊTE, À L'ÉCOLE, ÇA TIENDRA ?
QUINO
311
MON PÈRE M'A RACONTÉ QUE QUAND IL ALLAIT À L'ÉCOLE, L'INSTITUTEUR CORRIGEAIT LES ENFANTS QUI NE VOULAIENT PAS TRAVAILLER...
ET CEUX QUI NE VOULAIENT PAS ALLER EN CLASSE, C'ÉTAIENT LES PARENTS QUI LEUR FLANQUAIENT UNE RACLÉE !...
QUINO
C'EST AINSI QUE L'ENFANCE DE MON PÈRE FUT UN LONG PUGILAT!
312
DIS-MOI, FELIPE, C'EST VRAI QUE LES INSTITUTEURS BATTENT LES ÉLÈVES?
PLUS MAINTENANT. AUTREFOIS, OUI. LES CHOSES ONT BIEN CHANGÉ.
ALORS MAINTENANT, CE SONT LES ÉLÈVES QUI BATTENT LES MAÎTRES?
MAIS NON! ÇA VA PAS, LA TÊTE?
QUINO
OUAIS! ON FAIT DES RÉFORMES, MAIS ON SE REFUSE À ALLER JUSQU'AU BOUT!

AU BOUT DU COMPTE, JE ME DEMANDE POURQUOI IL FAUT ALLER À L'ÉCOLE...
LES GENS DISENT BIEN QUE LA MEILLEURE ÉCOLE, C'EST LA VIE ! POURQUOI EN CHOISIR UNE AUTRE ? DANS LA VIE, ON APPREND TOUT, NON ? QU'EST-CE QU'ELLE A DE MAL, CETTE ÉCOLE DE LA VIE ?
C'EST QUE LA REMISE DES DIPLÔMES SE FAIT AU CIMETIÈRE !

ELLES EN ONT DE LA CHANCE, LES MOUCHES, DE NE PAS ALLER À L'ÉCOLE ! CE QUE J'AIMERAIS ÊTRE UNE MOUCHE !
VOLER À MA GUISE ! PAS DE TABLE DE MULTIPLICATION À RÉCITER, PAS D'INSTITUTRICE À SUPPORTER, PAS...
PAF !
TROIS FOIS UN, TROIS... TROIS FOIS DEUX, SIX... TROIS FOIS TROIS, NEUF... TROIS FOIS QUATRE, ...

MON PÈRE M'A DIT QUE MES FOURNITURES SCOLAIRES LUI AVAIENT COÛTÉ UNE FORTUNE...
...ET QUE S'IL AVAIT INVESTI CET ARGENT DANS LE COMMERCE, IL AURAIT RÉALISÉ 30% DE BÉNÉFICE.
ALORS, JE LUI AI DIT QUE MON INSTRUCTION ET MA CULTURE SERAIENT À LONG TERME UN CAPITAL.
BRAVO ! QU'EST-CE QU'IL T'A RÉPONDU ?
QUE CE SERAIT VRAI SI JE N'AVAIS PAS UNE TÊTE À FAIRE BANQUEROUTE !

JE SUIS BIEN CONTENT QUE MAFALDA AILLE À L'ÉCOLE !
C'EST VRAI. C'EST FORMIDABLE. NOUS AVONS UNE FILLE QUI VA À L'ÉCOLE.
NOUS AVONS UNE FILLE QUI VA À L'ÉCOLE.

MON DIEU! QU'EST-CE QUI SE PASSE?
!
RIEN...
317
MAIS IL NE FAUT PAS ARRIVER EN RETARD À L'ÉCOLE LE PREMIER JOUR!
QUINO
318
...ET À VOUS, LES PLUS PETITES, QUI PÉNÉTREZ POUR LA PREMIÈRE FOIS DANS CE TEMPLE DU SAVOIR, JE VOUS ASSURE QUE VOUS TROUVEREZ ICI UN SECOND FOYER,
OÙ CHAQUE MAÎTRESSE VOUS DONNERA CE QUE TOUTE MÈRE DONNE À SES ENFANTS, JE VEUX DIRE : L'AMOUR.
OUF! J'AI BIEN CRU QU'ELLE ALLAIT DIRE "LA SOUPE"!
QUINO
319
QUELLE HORREUR, MANOLITO! OÙ T'ES-TU SALI COMME ÇA?
ICI, À L'ÉCOLE!
L'ÉCOLE DÉPEND DU MINISTRE DE L'ÉDUCATION NATIONALE?
OUI.
ET BIEN, MON VIEUX!
C'EST LA PREMIÈRE FOIS QUE JE ME SALIS À UN SI HAUT NIVEAU!
320
JE SUIS TRÈS SATISFAIT DE MA MAÎTRESSE. C'EST UNE FEMME GÉNÉREUSE, SYMPATHIQUE. ELLE EST... ELLE EST EXTRAORDINAIRE!
C'EST UNE BONNE CHOSE QUE TU SOIS TOMBÉ SUR QUELQU'UN DE BIEN, PARCE QUE LA MAÎTRESSE ON LA VOIT TOUS LES JOURS...
TOUTES LES SEMAINES, TOUS LES MOIS, TOUT AU LONG DE L'ANNÉE!
UN VRAI CALVAIRE, LA VIEILLE!
QUINO

321
TU AS FAIT LA PAGE DE BÂTONS QUE LA MAÎTRESSE NOUS A DONNÉE POUR DEMAIN?
NON! LA MAÎTRESSE EST FOLLE!
OU SOURDE! ON DIRAIT QU'ELLE N'A JAMAIS ENTENDU CE QUE TOUT LE MONDE DIT, QUE DANS CE PAYS, PERSONNE NE VEUT TRAVAILLER!
UNE LIGNE, ÇA VA ENCORE! MAIS QUELLE IDÉE DE DONNER UNE PAGE ENTIÈRE DE BÂTONS DANS UN PAYS OÙ LES GENS N'AIMENT PAS TRAVAILLER!
AVEC DES INSTITUTEURS COMME ÇA, CE PAYS N'ARRIVERA JAMAIS À RIEN!

322
1171

323
DEMAIN, J'AURAI SIX ANS! COMME LE TEMPS PASSE!
REVENONS UN PEU EN ARRIÈRE: ICI, J'AI EU MES CINQ ANS; UN PEU PLUS LOIN, J'AI EU MES QUATRE ANS...
...ET PUIS MES TROIS ANS, MES DEUX ANS, ET LÀ UN AN; ET ICI, MES...
?
MES QUOI?

324
MAMAN M'AIME
J'AIME MAMAN
FÉLICITATIONS, MADEMOISELLE! JE VOIS QUE VOUS FORMEZ UNE FAMILLE TRÈS UNIE.
MAINTENANT, S'IL VOUS PLAIT, APPRENEZ-NOUS DES CHOSES VRAIMENT IMPORTANTES!

QUELLE DIFFÉRENCE Y A-T-IL ENTRE "PAPA", ET "PÈRE"?
AUCUNE...
325
SI CE N'EST QUE "PAPA" EST PLUS FAMILIER, ET "PÈRE" PLUS RESPECTUEUX
ALORS, JE NE POURRAI JAMAIS PLUS TE DIRE "PÈRE"?!

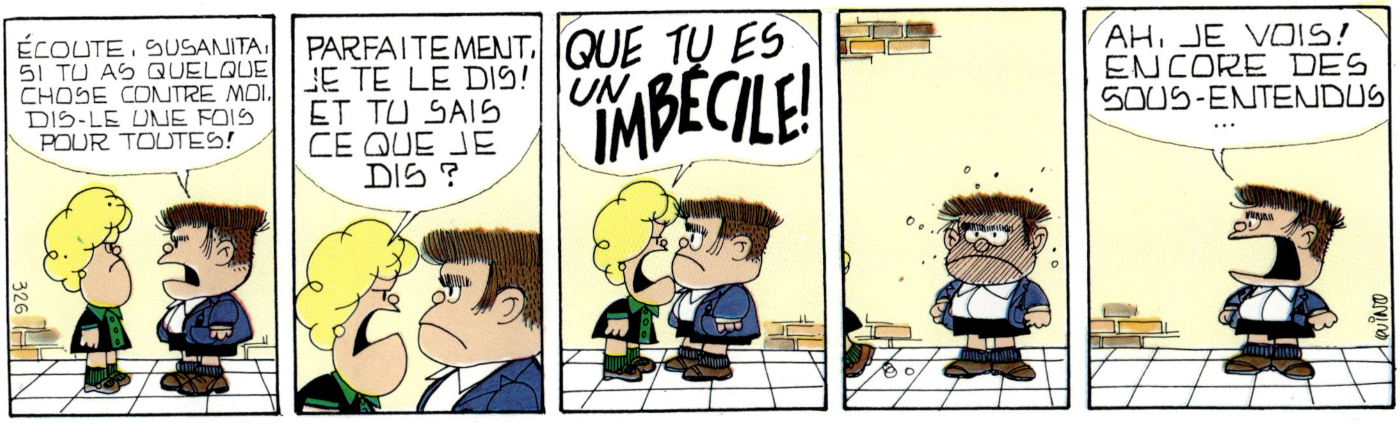
ÉCOUTE, SUSANITA, SI TU AS QUELQUE CHOSE CONTRE MOI, DIS-LE UNE FOIS POUR TOUTES!
326
PARFAITEMENT, JE TE LE DIS! ET TU SAIS CE QUE JE DIS?
QUE TU ES UN IMBÉCILE!
AH, JE VOIS! ENCORE DES SOUS-ENTENDUS...

J'AI APPRIS QUE TU AVAIS EU DES MOTS AVEC MANOLITO, SUSANITA.
AH! JE VOIS! IL EST VENU TE RACONTER L'HISTOIRE. QUELLE MAUVAISE LANGUE, C'EST BIEN DE LUI!
327
PAS ÉTONNANT D'AILLEURS. LA CRÉMIÈRE M'A RACONTÉ QUE SON PÈRE AVAIT EU UNE MÉCHANTE HISTOIRE, POUR DES BOUTEILLES, AVEC LA COOPÉRATIVE, À LA SUITE DE QUOI, IL S'EST FÂCHÉ AVEC SA FEMME.
ET CETTE DAME, ON LA CONNAÎT!
À SON FILS AÎNÉ, QUI D'APRÈS CE QUE JE SAIS AURA 23 ANS EN MAI, IL DONNE L'ARGENT AU COMPTE-GOUTTES! ET CE DADAIS, TU SAIS QUELLE FIANCÉE IL A DÉGOTTÉE? UNE PETITE BRUNE DONT LE PÈRE VEND DES TERRAINS ET QUI A VÉCU 2 ANS AU BRÉSIL ET QUI EST PARENT D'UN ONCLE...
AVEC QUI ÉTAIS-TU, MAFALDA?
AVEC LA C.I.A.

OH, VOILÀ SUSANITA! DEPUIS QU'ELLE S'EST DISPUTÉE AVEC MANOLITO, QUAND ON EST AVEC EUX, ON SE CROIT À L'O.N.U.
328
BONJOUR, MAFALDA. TU SAIS CE QUE C'EST LA LARDANALYSE? C'EST DE LA PSYCHANALYSE MAIS POUR CEUX QUI ONT UNE TÊTE DE LARD! J'EN CONNAIS DES QUI FERAIENT BIEN D'ALLER VOIR UN LARDANALYSTE!
EH BIEN! JE CROYAIS QU'AUJOURD'HUI LES IDIOTES FAISAIENT GRÈVE, MAIS ON DIRAIT QU'ELLES ONT REPRIS LE TRAVAIL!
MAIS EST-CE QUE L'O.N.U. ENDURERAIT CE QUE J'ENDURE?

329
C'EST ABSURDE QUE TU SOIS FÂCHÉ AVEC SUSANITA ! ELLE EST QUELQUEFOIS PÉNIBLE, MAIS C'EST UNE BONNE AMIE. ON NE PEUT PAS SE FÂCHER AVEC SES BONS AMIS. ET PIS...
...HMM, ET PIS... ÉVIDEMMENT, SI ON AVAIT UN TYPE COMME PELÉ, NOTRE FOOTBALL NE SERAIT PAS CE QU'IL EST, ET NOUS NE FERIONS QU'UNE BOUCHÉE DU REAL MADRID ET DE L'INTER...

330
OÙ VAS-TU MANOLITO?
PORTER CETTE COMMANDE CHEZ SUSANITA.
COMMENT, VOUS N'ÊTES PAS EN FROID?
ET APRÈS? LES AMÉRICAINS ET LES RUSSES SONT BIEN EN FROID ET ÇA NE LES EMPÊCHE PAS DE COMMERCER, NON ?
...EH BIEN, C'EST LA MÊME CHOSE ENTRE NOUS!
À CECI PRÈS QUE L'HUMANITÉ N'EN A PAS MARRE DE VOS GAMINERIES!

331
maman m'aime.
J'aime maman
SNIF SNIF
DE DEUX CHOSES L'UNE, MAMAN...
OU TU ARRÊTES DE FAIRE DE LA SOUPE, OU J'ARRÊTE D'ÉCRIRE DES HYPOCRISIES!

332
Ma maman mange.
Elle mange un melon?
Oui, elle mange un melon.
Et papa fume sa pipe.
Sa pipe fume.
Oui, la pipe de papa fume.
CE QU'IL Y A DE BIEN QUAND ON VA À L'ÉCOLE, C'EST QU'ON PEUT AVOIR DES CONVERSATIONS LITTÉRAIRES.

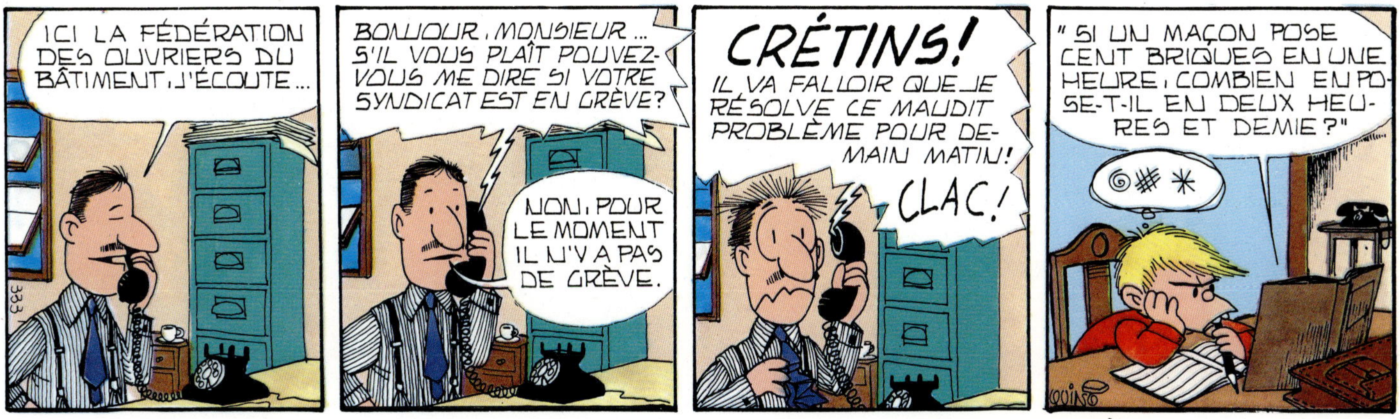
ICI LA FÉDÉRATION DES OUVRIERS DU BÂTIMENT, J'ÉCOUTE...
BONJOUR, MONSIEUR... S'IL VOUS PLAÎT POUVEZ-VOUS ME DIRE SI VOTRE SYNDICAT EST EN GRÈVE?
NON, POUR LE MOMENT IL N'Y A PAS DE GRÈVE.
CRÉTINS!
IL VA FALLOIR QUE JE RÉSOLVE CE MAUDIT PROBLÈME POUR DEMAIN MATIN!
CLAC!
"SI UN MAÇON POSE CENT BRIQUES EN UNE HEURE, COMBIEN EN POSE-T-IL EN DEUX HEURES ET DEMIE?"

BON À RIEN! FAIS TES DEVOIRS!
BONK!
TU VERRAS, PAPA! QUAND J'AURAI UNE CHAÎNE DE SUPERMARCHÉS ET QUE JE SERAI RICHE, MA BIOGRAPHIE SERA PUBLIÉE DANS LE "READER'S DIGEST"...
...ET TOUT LE MONDE SAURA QUE TU ME MALTRAITAIS, PARCE QUE PARMI LES TRISTES ANECDOTES DE MON ENFANCE, IL Y AURA CELLE-CI!
BONK!
VAS-Y!! CONTINUE! IL ME MANQUE UN CHAPITRE!

Ema entre; elle voit la table du salon.
MAMAN? LE SALON, C'EST QUELLE PIÈCE?
LE LIVING.
AH
POURQUOI DIABLE ON N'ÉCRIT PAS LES LIVRES EN FRANÇAIS?

RIEN À FAIRE! JE NE SAIS TOUJOURS PAS LIRE LE JOURNAL!
LA SEULE CHOSE QUE J'AI APPRISE JUSQU'À MAINTENANT À L'ÉCOLE, C'EST QUE UN TEL AIME SA MAMAN ET QUE SA MAMAN MANGE DU MELON!
ET MOI, CE QUI M'INTÉRESSE, C'EST CE QUE FAIT NIXON OU FIDEL CASTRO!
MAIS ON DIRAIT QUE NIXON N'EST PAS AIMÉ PAR SA MAMAN ET QUE FIDEL CASTRO NE MANGE PAS DE MELON.

JE LANCE UN APPEL EN FAVEUR DU DÉSARMEMENT MONDIAL!
CE GENRE D'APPEL, DE HAUTES PERSONNALITÉS EN FONT À TOUT INSTANT. QUI EN FAIT CAS?
PERSONNE.
MAIS ÇA NE COÛTE RIEN... ET CES HAUTES PERSONNALITÉS ET MOI FAISONS BONNE FIGURE.
337
QUINO

...VOUS VENEZ D'ENTENDRE NOTRE BULLETIN D'INFORMATIONS MONDIALES.
AAAAH!
?
AH, JE PRÉFÈRE! JE CROYAIS QUE C'ÉTAIT LE MONDE QUI GÉMISSAIT.
338
QUINO

pa
pe
pi
po
pu
ALLONS, MANOLITO, UN MOT QUI COMMENCE PAR "P"
AÏE! IL EST CAPABLE DE DIRE LE GROS MOT QUE...
POLITIQUE.
EN PLEIN DANS LE MILLE!
339
QUINO

LA TRACTION ARRIÈRE, C'EST MIEUX QUE LA TRACTION AVANT!
MAIS TOI, TU N'AS PAS DE MARCHE ARRIÈRE.
ET PUIS LE MIEN, IL CONSOMME MOINS. AVEC UNE TASSE DE CAFÉ AU LAIT, J'AI DE QUOI ROULER TOUTE LA MATINÉE!
TANDIS QUE TOI, AVEC TA PATINETTE AMÉLIORÉE, À DIX HEURES, CRAC! UN SANDWICH!
PAS VRAI?
OH! ÇA VA! D'ABORD JE ME REFUSE À PARLER MÉCANIQUE AVEC LES FEMMES!
340
QUINO

341
SALUT!
NON
COMMENT TU T'APPELLES?
NON
J'AI UN BISCUIT. T'EN VEUX?
CRUNCH
GULP!
NON
LE PREMIER QUI VIENT ME PARLER DE COMMUNICATION, JE LUI CASSE LA FIGURE.
QUINO

342
C'EST FAIT!
YIP! YIP! YIP!
J'AI EFFACÉ PÉKIN, LE PENTAGONE ET LE KREMLIN! ON VA POUVOIR VIVRE EN PAIX!
QUINO
YIP! YIP!
J'AVAIS OUBLIÉ LE MOYEN-ORIENT!

343
A Mademoiselle Mafalda (point) Chère Mademoiselle (virgule) Étant donné...
...que la soupe est (tiret) comme chacun sait (tiret) une chose infecte (virgule) nous vous serions obligé de ne pas la manger (point) veuillez agréer...
MAFALDA! TU VAS MANGER CETTE SOUPE!
IL A FALLU QUE TU INTERROMPES LA DICTÉE DE MA CONSCIENCE!
QUINO

344
J'AI APPRIS QUE LES ENFANTS FORMAIENT PLUS DE LA MOITIÉ DE LA POPULATION MONDIALE
ET À QUOI ÇA NOUS SERT?
MAINTENANT, À RIEN, MAIS DANS TRENTE ANS, C'EST NOUS QUI SERONS EN POSTE, QUI FERONS TOUT ET LE MONDE SERA ENTRE LES MAINS DES ENFANTS!
MAIS MON VIEUX! DANS TRENTE ANS NOUS NE SERONS PLUS DES ENFANTS!
TOI, TU CHERCHES TOUJOURS À ME DÉMORALISER!
QUINO

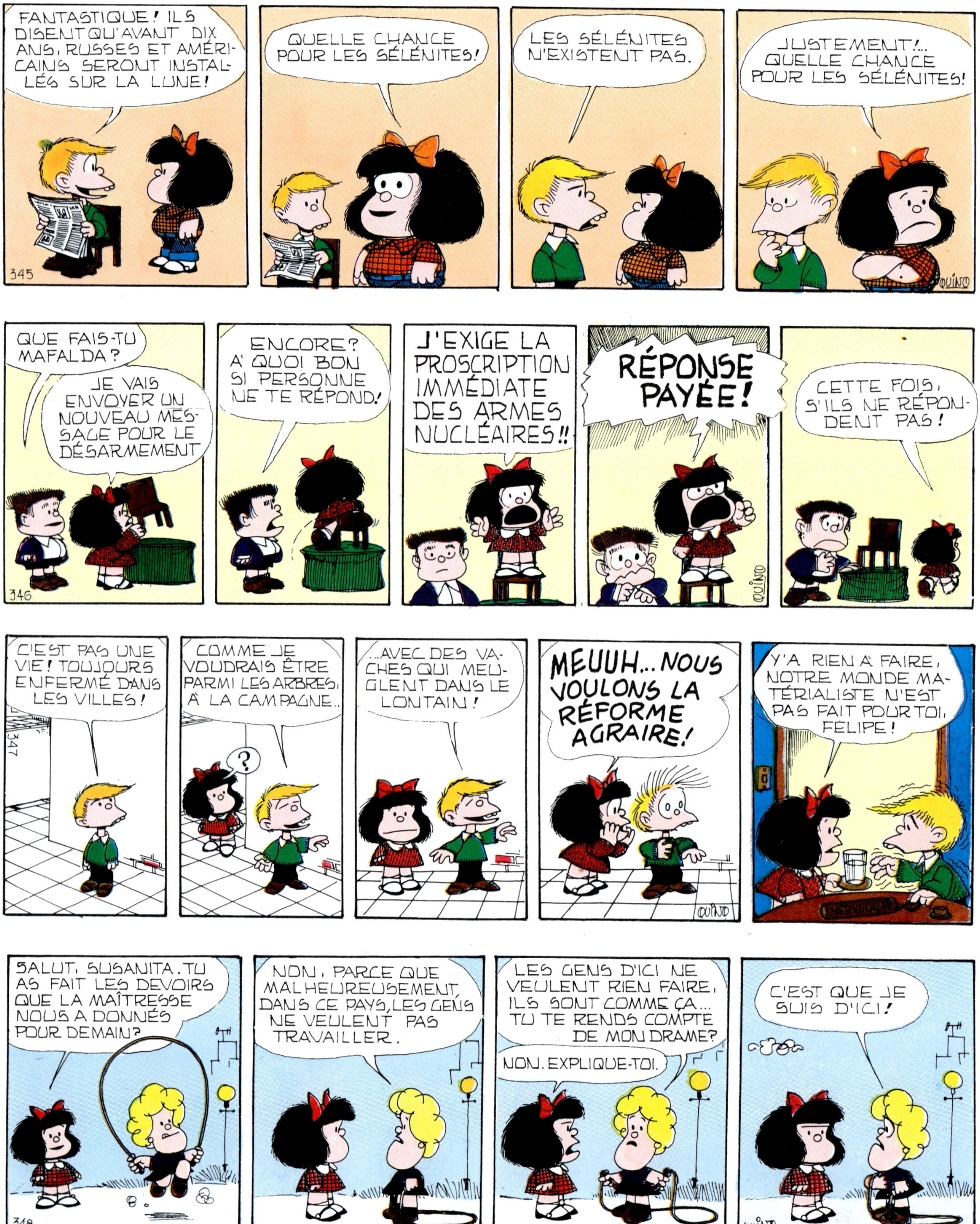

FANTASTIQUE! ILS DISENT QU'AVANT DIX ANS, RUSSES ET AMÉRICAINS SERONT INSTALLÉS SUR LA LUNE!
345
QUELLE CHANCE POUR LES SÉLÉNITES!
LES SÉLÉNITES N'EXISTENT PAS.
JUSTEMENT!... QUELLE CHANCE POUR LES SÉLÉNITES!
QUE FAIS-TU MAFALDA?
JE VAIS ENVOYER UN NOUVEAU MESSAGE POUR LE DÉSARMEMENT
346
ENCORE? À QUOI BON SI PERSONNE NE TE RÉPOND!
J'EXIGE LA PROSCRIPTION IMMÉDIATE DES ARMES NUCLÉAIRES!!
RÉPONSE PAYÉE!
CETTE FOIS, S'ILS NE RÉPONDENT PAS!
C'EST PAS UNE VIE! TOUJOURS ENFERMÉ DANS LES VILLES!
347
COMME JE VOUDRAIS ÊTRE PARMI LES ARBRES, À LA CAMPAGNE...
?
...AVEC DES VACHES QUI MEUGLENT DANS LE LOINTAIN!
MEUUH... NOUS VOULONS LA RÉFORME AGRAIRE!
Y'A RIEN À FAIRE, NOTRE MONDE MATÉRIALISTE N'EST PAS FAIT POUR TOI, FELIPE!
NERVOCALM
SALUT, SUSANITA. TU AS FAIT LES DEVOIRS QUE LA MAÎTRESSE NOUS A DONNÉS POUR DEMAIN?
348
NON, PARCE QUE MALHEUREUSEMENT, DANS CE PAYS, LES GENS NE VEULENT PAS TRAVAILLER.
LES GENS D'ICI NE VEULENT RIEN FAIRE, ILS SONT COMME ÇA... TU TE RENDS COMPTE DE MON DRAME?
NON. EXPLIQUE-TOI.
C'EST QUE JE SUIS D'ICI!

Dans la même collection :

T1, Mafalda
T2, Encore Mafalda
T3, Mafalda revient
T4, La bande à Mafalda
T5, Le monde de Mafalda
T6, Le petit frère de Mafalda
T7, La famille de Mafalda
T8, Mafalda et ses amis
T9, Les vacances de Mafalda
T10, Le club de Mafalda
T11, Mafalda s'en va
T12, Il était une fois Mafalda